Diogenes Taschenbuch 80/2

de
te
be

B.N.
4.9.82

Chaval

Zum Heulen

Gesammelte Cartoons II

Diogenes

Dieser Band enthält die Teile sieben bis dreizehn
des 1969 unter dem Titel ›Zum Lachen und zum Heulen‹
erschienenen Werkes

60/79/8/4
ISBN 3 257 20155 9

Inhalt

Erster Teil

Für wen
den
Himbeersirup?

Meine Brieftasche ist weg!

Wissen Sie, daß Sie prächtig aussehen für Ihr Alter?!

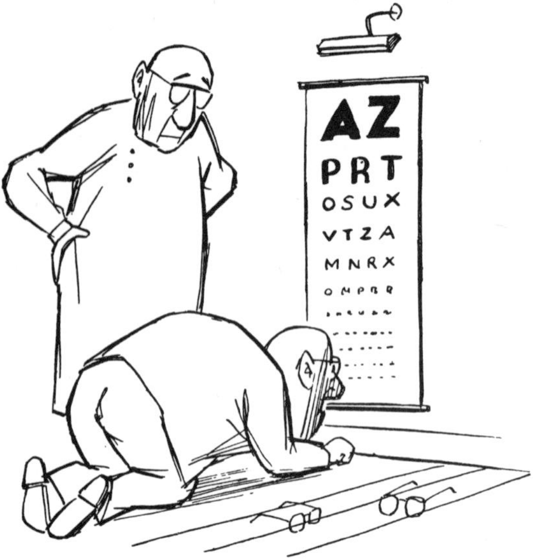
AZ
PRT
OSUX
VTZA
MNRX

Ich sagte, diese kleinen Apparätchen seien angenehm!

BAR

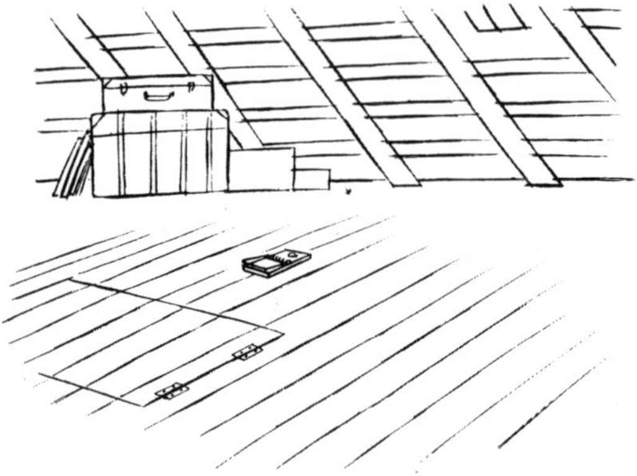

Susanna und die Greise

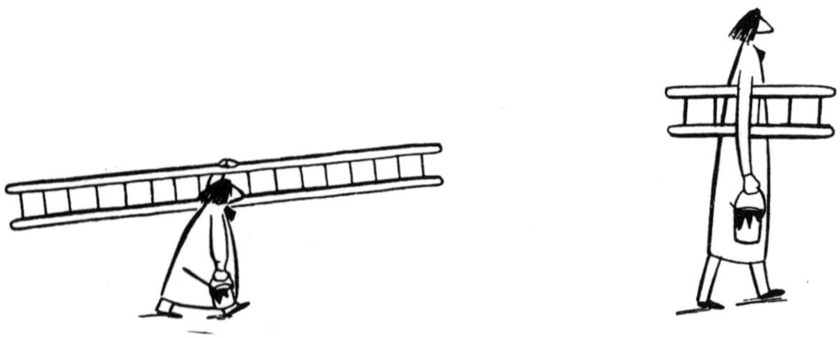

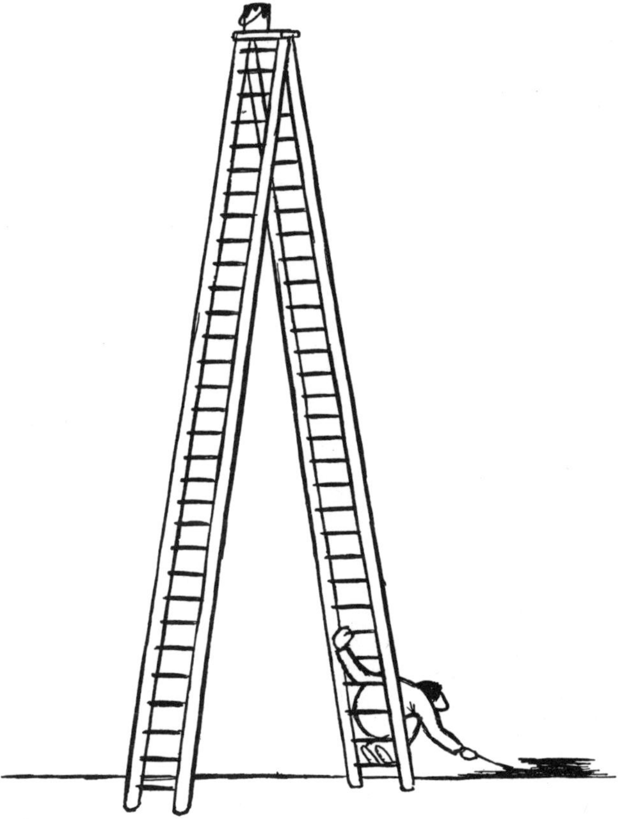

30
25
20
15
10
5
0

Wenn dich dein Vater mit seinem Hut spielen sieht,
gibt es wieder einen Mordsskandal!

CAISSE

Old
~~NEW~~
ORLEANS
ORCHESTRA

Was kost' das?

Zweiter Teil

Der Weihnachtsmann

Bulgarischer Weihnachtsmann

Mexikanischer Weihnachtsmann

Weihnachtsmann aus Kambodscha

Kaukasischer Weihnachtsmann

Österreichischer Weihnachtsmann

Amerikanischer Weihnachtsmann

Deutscher Weihnachtsmann

Schweizerischer Weihnachtsmann

Spanischer Weihnachtsmann

Weihnachtsmann mit Zweireiher

Weihnachtsmann »de Luxe«

Weihnachtsmann »business«

Jedem sein Spielzeug

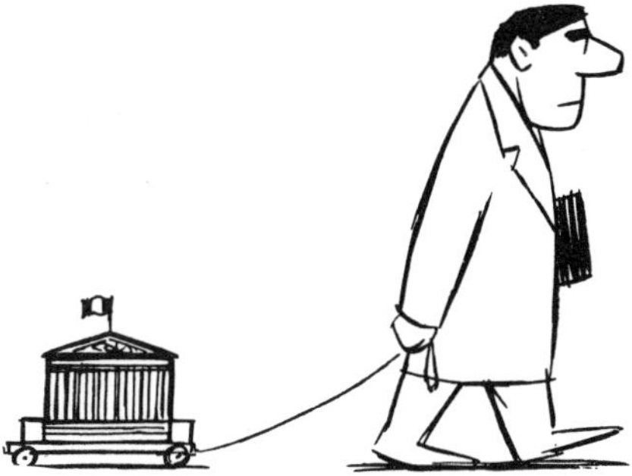

Befindet sich ein Arzt im Saal?

ZUM LIFT

Dritter Teil

Diesseits von Gut und Böse

BIJOUTERIE

POLICE

RUE
DU PARADIS

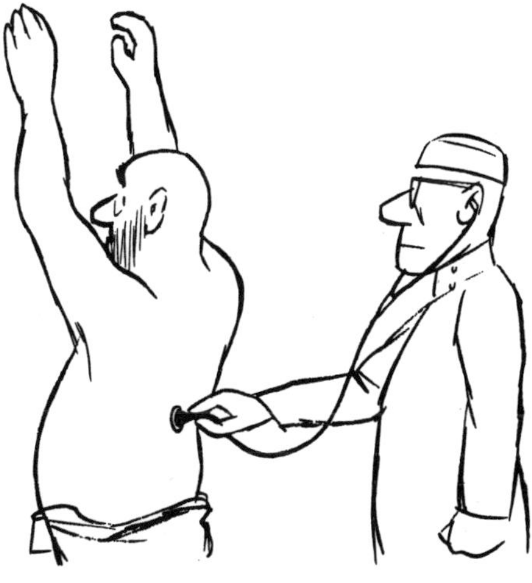

TAXI
22

1

2

3

4

5

6

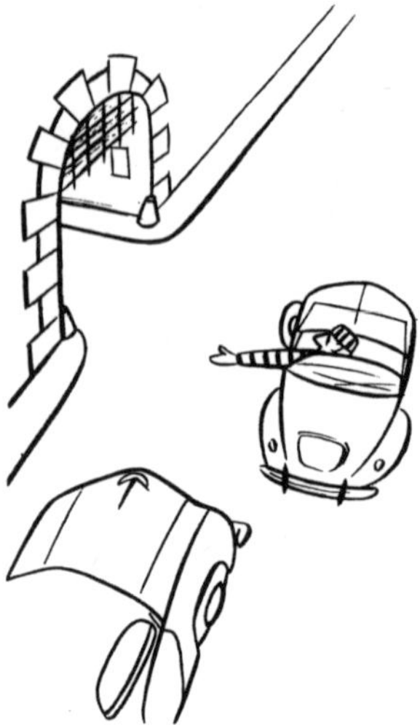

3

4

Vierter Teil

Die Wunderkinder

MILCH

Ich wußte gar nicht, daß Sie einen so großen Jungen haben!

Aber bitte, nehmen Sie Platz, verehrter Meister.

Alte Dampf-Wiege

Sie dürfen nicht vergessen,
daß der Architekt nur vier Jahre alt ist.

Fünfter Teil

Die netten Leute

– die dich aus lauter Höflichkeit zur Eile treiben.

– die von der guten alten Zeit schwärmen.

– die gleich reagieren wie du.

– die eine schöne Sammlung Langspielplatten besitzen.

– die dir von ihren Reisen erzählen.

– die es besser wissen.

– die dir zu Hilfe kommen.

– die sich um deine Gesundheit kümmern.

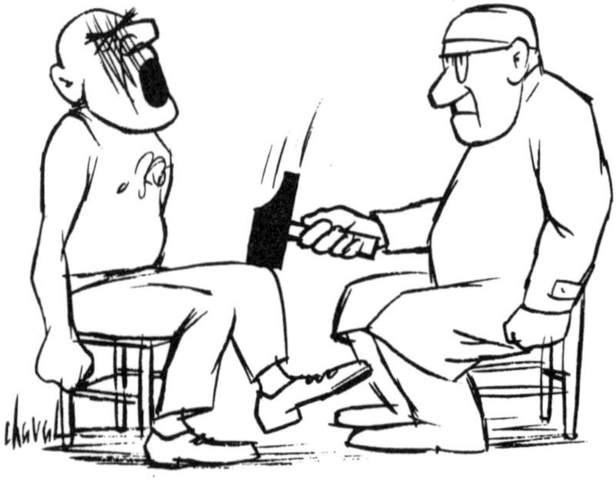

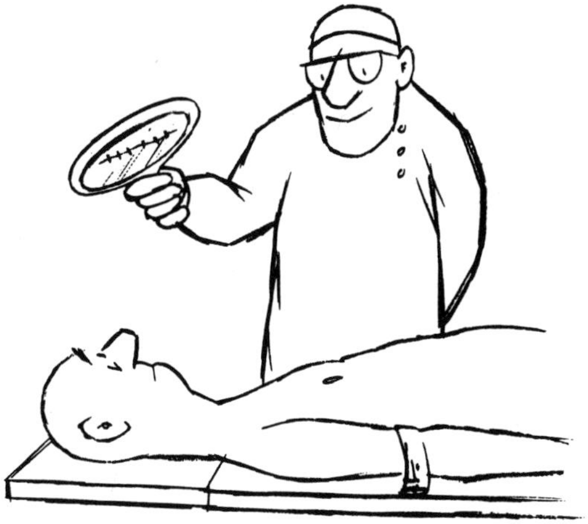

anästesie 320.–
Blinddarm 1560.–
Service

– die nur ihre Pflicht tun.

– die an morgen denken.

– die dich schon kannten,
als du ein kleiner Junge warst.

Sechster Teil

Kleine Raketenschule

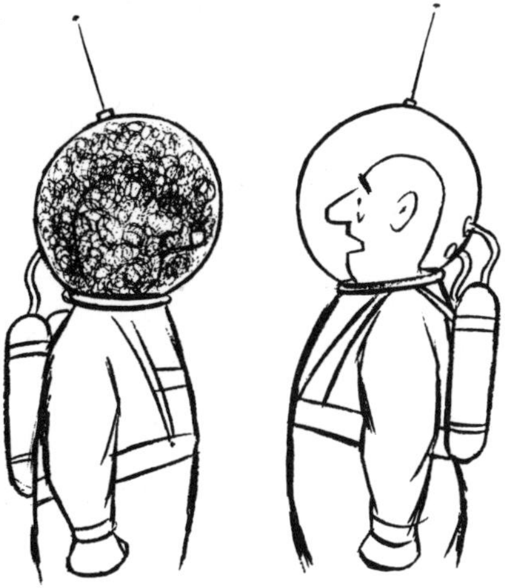

Sie sollten weniger rauchen.

Noch eine Woche, und wir werden uns nicht mehr sehen.

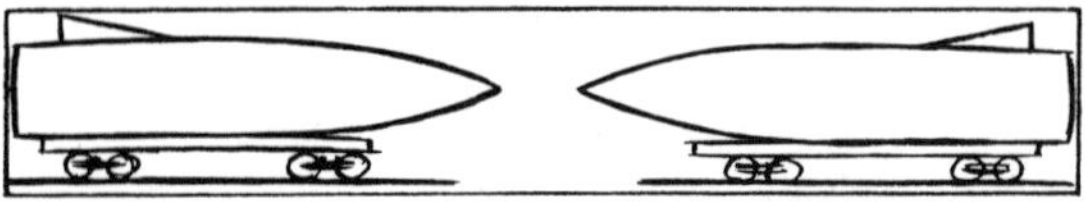

Rakete auf Schienen, gegen den Osten gerichtet. *Rakete auf Schienen, gegen den Westen gerichtet.*

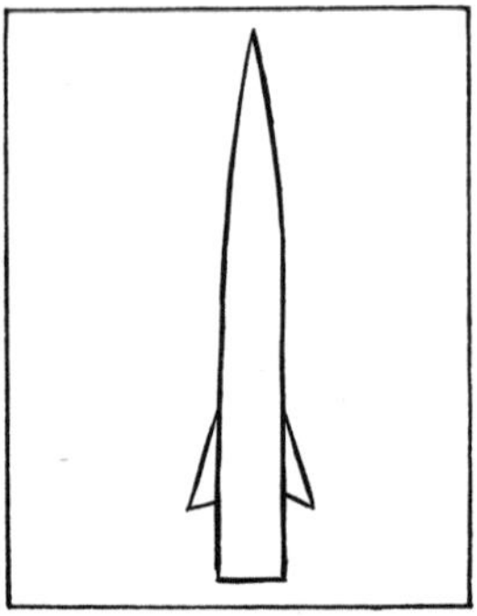

Rakete für Flüge von unbeschränkter Höhe.

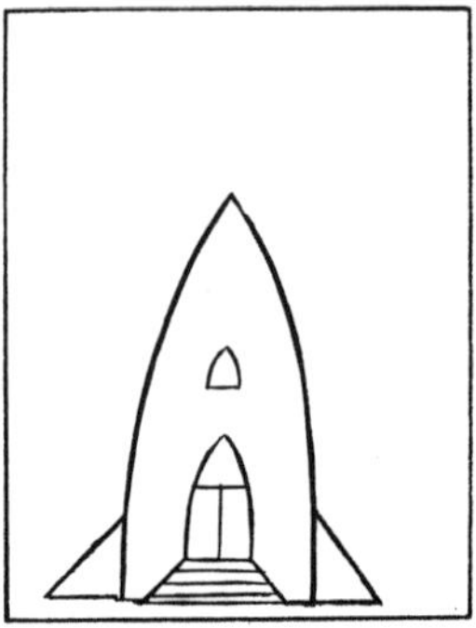

Rakete für die Etappe.

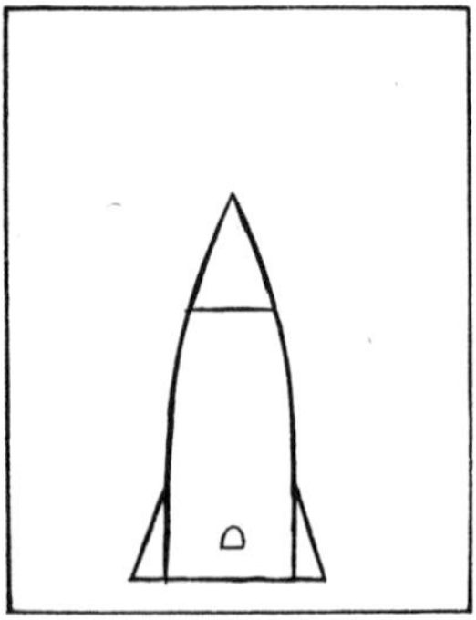

Rakete, die bis zu 30 m steigen kann, mit einer Katze an Bord.

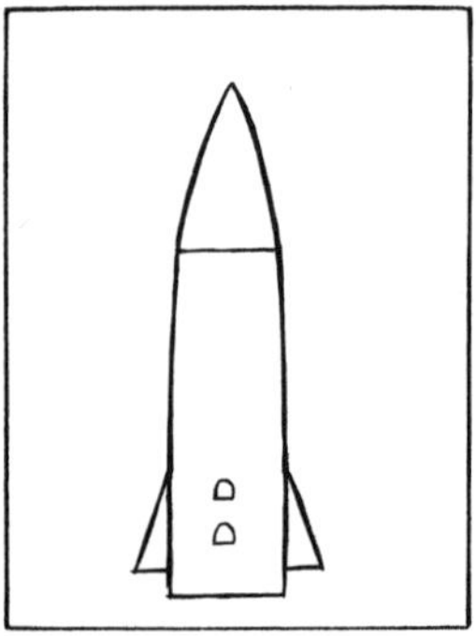

Rakete, die um die Erde fliegen kann, mit zwei Katzen an Bord.

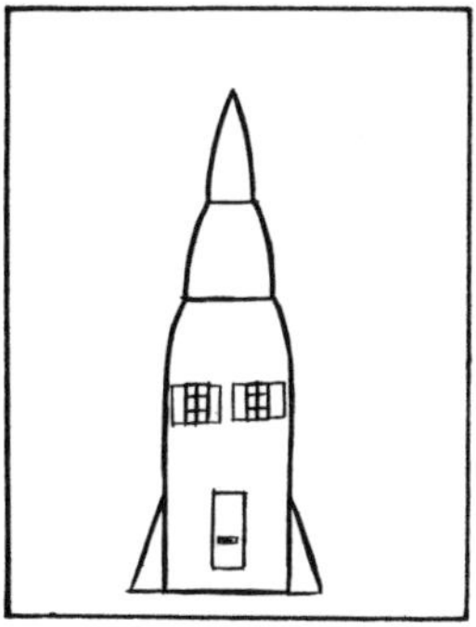

Rakete, die zweimal um die Erde fliegen kann, mit einer Familie an Bord.

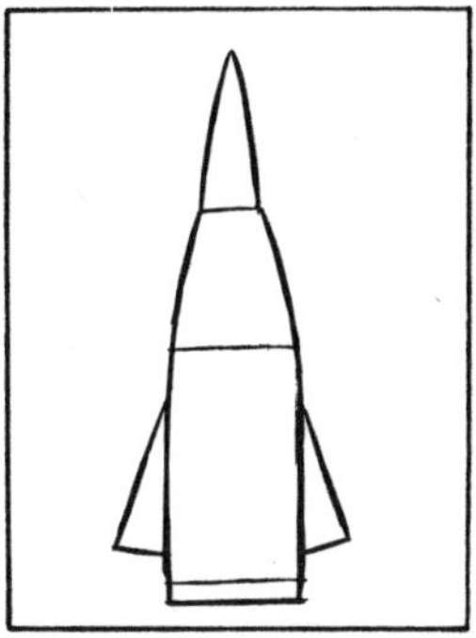

Rakete, die auf den Mond fliegen kann, aber nicht zurück.

Raketenträger mit Stundenlohn.

Raketenträger mit Monatsgehalt.

Querschnitt durch eine Rakete für den Vorortsverkehr.

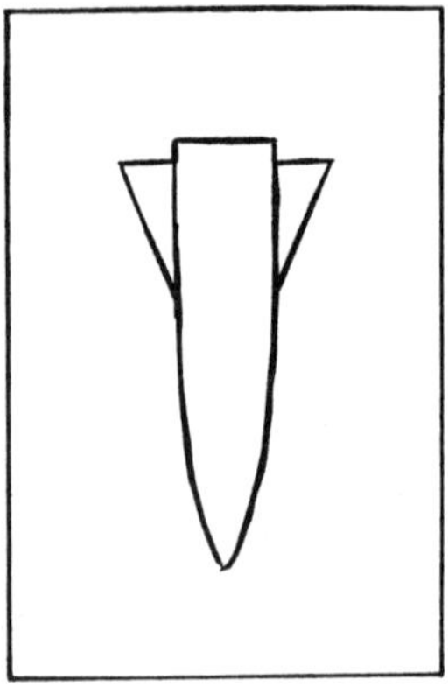

Rakete auf verfrühtem Rückflug zur Erde.

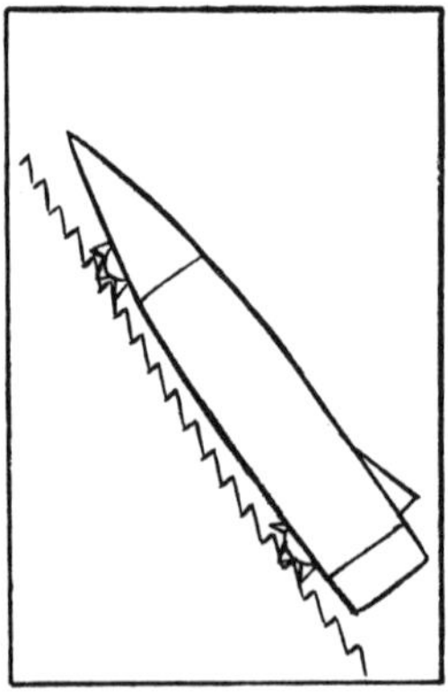

Zahnradrakete oder langsame Rakete.

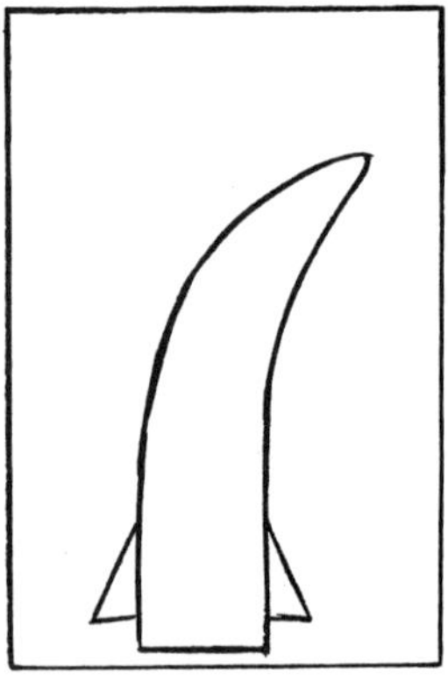

Mißlungene Rakete.

FÜR DIE
RÜCKKEHR
ZUR ERDE

Siebter Teil

*Für eine Fee
spielt sie allerdings
schlecht!*

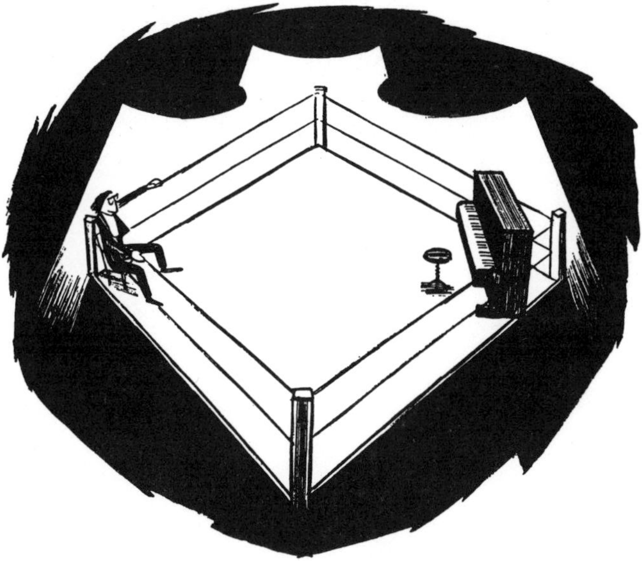

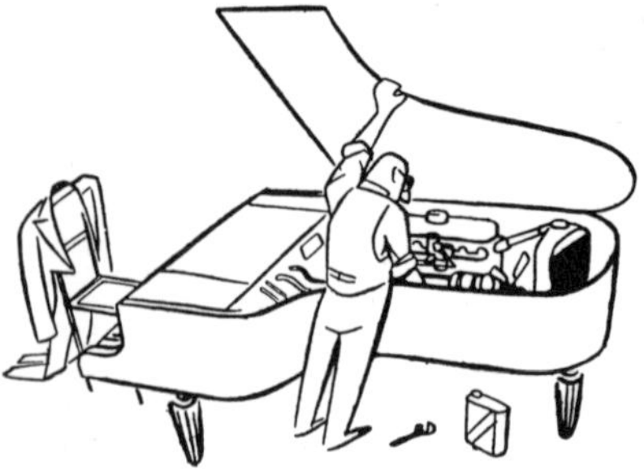

... auf Wiederhören am nächsten Mittwoch, meine lieben kleinen Freunde!

Achter Teil

Programm!

Idiot!

BOMBES
H

Lassen Sie sich durchleuchten!
3 Aufnahmen nur 15.–

KINDERBALL

Die Panne

BESTATTUNGSINSTITUT

Tod den Scheißkerlen

CIRCUS
ZOO
CIRCUS

CIRCUS

Madeleine, ich glaube, du hast etwas zugenommen.

Na und?

9.700.000 F
-.30
70 F
25.F
4 F
-.70

BUMM!

Nicht berühren
GEFAHR
Nicht berühren
GEFAHR
Nicht berühren
GEFAHR
Nicht berüh
GEFAHR

Sie kennen doch die Sage von der Leda?

... ma non troppo!

NACH MILLET

ZOO

Le Cannibale
RESTAURANT
MENU

HOPITAL
PSYCHIATRIQUE

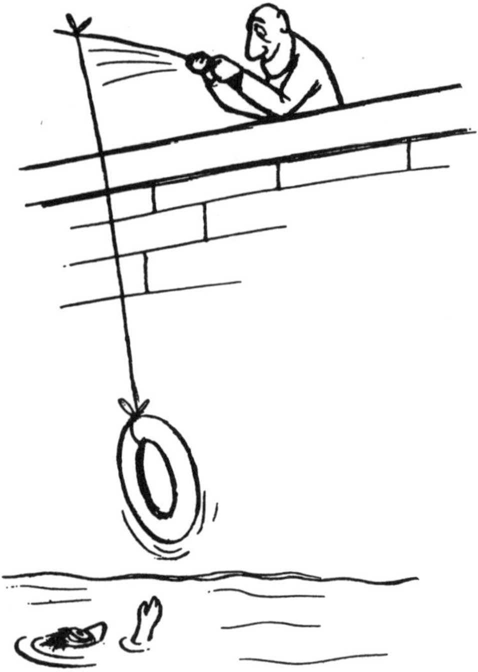

Brauchen wir heute Milch, Madeleine?

Wären Sie so freundlich,
das Radio etwas leiser einzustellen?

Ende

Nachwort

Chaval kam am 10. Februar 1915 als Yvan Francis LeLouarn in Bordeaux zur Welt. Er war ein wißbegieriges Kind und lernte lesen, bevor er schreiben konnte. Doch hat er später auch gern und nicht schlecht geschrieben. Den Beweis dafür liefern seine *Souvenirs en vrac* (Bizarre, Paris, Nr. 41, Juni 1966). Diese bruchstückhaften Erinnerungen offenbaren auch, wie plastisch und intensiv Chaval schon als Kind Menschen und Dinge beobachtete und erlebte. Zwei Männer vor allem beeindruckten

ihn: der Großvater und ein Onkel. Der Großvater weckte sein Interesse an Fotoapparaten und Filmkameras. Der Onkel, »der (so berichtet Chaval) schon Milliardär war, als ein simpler Millionär noch Raritätswert hatte«, schenkte ihm eine ›Bell and Howell‹-Kamera. Er schenkte Chaval aber noch etwas anderes, und das dürften Milliardäre nicht alle Tage verschenken: »er brachte mir bei, wie klein das Vergnügen ist, das sich käuflichen Dingen abgewinnen läßt«. Chaval ist zeit seines Lebens anspruchslos gewesen. »Meine finanziellen Ansprüche sind bescheiden, und das gibt mir eine recht große Unabhängigkeit und eine wahre kleine Kraft: niemand kann mir Angst machen.«
Auch das Geschenk der Kamera blieb nicht folgenlos: Chaval experimentierte mit Trickfilmen, drehte einen über die Zahnbürste und stellte imaginäre Dokumentarstreifen her. Er arbeitete auch mit Tati zusammen.
Chaval wußte, daß der Blick durch die Fotolinse den Blick eines Karikaturisten nicht trübt, daß vielmehr eine Beziehung zwischen Fotografie und bildender Kunst besteht. Er zeichnete eine *Fotoschule für Anfänger*, und Fortgeschrittene dieser Disziplin urteilten, nur ein sehr guter Fotograf könne dem Fotoapparat derart groteske Situationen abfordern.
Künstlerische Begabungen werfen oft schon in der Jugend ihre Schatten voraus. Bei Chaval war das nicht so: »In der Schule verfertigte ich im Unterschied zu den meisten bekannten Zeichnern keine Karikaturen meiner Lehrer. Lustige Streiche lagen

mir nicht sehr.« Vielleicht wollte er deshalb lieber Kardinal werden. Schließlich ging er doch auf die Kunstakademie in Bordeaux und trat später in die Pariser Ecole des Beaux-Arts ein, fand dort seine Frau und verließ die Schule wieder. Er malte, machte Radierungen und widmete sich der Kupferstecherei, ohne – wie er in seinen Erinnerungen gesteht – »mich zum Kupferstecher berufen zu fühlen«. Die Zeichenfeder wurde sein Handwerkszeug und machte Chaval nach 1946 schnell bekannt. Er wurde Mitarbeiter von *Paris Match*, *Le Figaro*, *Le Rire* und *Punch* und erhielt bereits 1950 den ›Prix Carrizey‹ und 1953 die ›Coupe Internationale du Meilleur Dessinateur‹. Er stellte in den USA, in Japan und in Paris aus. Chaval glaubte, »daß man eine gewisse Unordnung im Leben hinnehmen und manchmal sogar pflegen muß, aus der sich die eigene persönliche Ordnung entwickeln kann«. Er haßte den Lärm der lauten Städte und liebte den Krach, den er selber machen konnte. Aber er starb leise am 22.1.1968 in Paris.

Chaval war überzeugt, »daß man sich damit abfinden muß, sich nicht mehr als nur einem kleinen Kreis von Menschen verständlich zu machen«. Er hat wohl niemals neben jenem Japaner gesessen, der im Wartezimmer eines Pariser Zahnarztes heimlich die Chavalseite aus dem *Figaro* herausriß und unbemerkt in seine Brieftasche zu verstauen suchte.

Chaval
im Diogenes Verlag

Zum Lachen
Gesammelte Cartoons I.
detebe 80/1

Hochbegabter Mann, befähigt, durch die bloße Erdumdrehung einen Eindruck von Geschwindigkeit zu empfinden
Gesammelte Cartoons III.
detebe 80/3

Guten Morgen!
Bibliothek für Lebenskünstler

Gute Reise!
Bibliothek für Lebenskünstler

Gesundheit
Bibliothek für Lebenskünstler

Gute Nacht!
Bibliothek für Lebenskünstler

Autofahren kann jeder
Bibliothek für Lebenskünstler

Fotoschule
Bibliothek für Lebenskünstler

Weitere Zeichnungen von Chaval finden Sie in

Cherchez la femme
Bibliothek für Lebenskünstler

Wird eingefahren
Bibliothek für Lebenskünstler

Kleine Nachtmusik
Bibliothek für Lebenskünstler

Diogenes Grafik Taschenbücher

Alfred Andersch

Einige Zeichnungen

Grafische Thesen am Beispiel einer Künstlerin. Mit Zeichnungen von Gisela Andersch. detebe 151

Bosc

Love and Order

Zeichnungen über Krieg und Frieden. detebe 44

Wilhelm Busch

Studienausgabe in 7 Einzelbänden:

Gedichte – Max und Moritz – Die fromme Helene – Tobias Knopp – Hans Huckebein / Fipps der Affe / Plisch und Plum – Balduin Bählamm / Maler Klecksel – Prosa

detebe 60/1–7

Chaval

Zum Lachen

Gesammelte Cartoons I. detebe 80/1

Zum Heulen

Gesammelte Cartoons II. detebe 80/2

Hochbegabter Mann, befähigt, durch die bloße Erdumdrehung einen Eindruck von Geschwindigkeit zu empfinden

Gesammelte Cartoons III. detebe 80/3

Paul Flora

Premiere

Party-Zeichnungen. Mit einem Versuch von Wolfgang Hildesheimer. detebe 0

Trauerflora

Idyllen. Mit einem Vorwort von Friedrich Dürrenmatt. detebe 52/1

Vivat Vamp!

Ein Fotobuch zum Lob des Vamps von Mae West bis Marilyn Monroe. Mit gezeichneten Kommentaren von Paul Flora. detebe 52/2

Edward Gorey

Balaclava

60 pessimystische Limericks. detebe 27

Das jüngst entjungferte Mädchen

Ratschläge von
Hyacinthe Phypps, verdeutscht von Urs Widmer. detebe 101

Augenblicke aus dem Leben großer Geister

Festgehalten in Wort und Bild. Parodien von Howard Moss, verdeutscht von Jörg Drews. detebe 124

Goya

Caprichos

Mit einem Vorwort von Urs Widmer. detebe 33/1

Desastres de la Guerra

Mit einem Vorwort von Konrad Farner. detebe 33/2

Loriot

Kleine Prosa

Mit vielen Zeichnungen des Verfassers. detebe 13

Tagebuch

Zeitgeschehen von Meisterhand. detebe 61

Kleiner Ratgeber

Entscheidende Abbildungen und Texte. detebe 82

Kommentare

zu Politik, Wirtschaft, Kultur und Sport. detebe 166

Roger Price

Der kleine Psychologe

Sämtliche Drudel. detebe 91

Ronald Searle

Weil noch das Lämpchen glüht

99 boshafte Zeichnungen.
Gerechtfertigt durch Friedrich Dürrenmatt. detebe 14

Sempé

Konsumgesellschaft

Zivilisationszeichnungen. detebe 38

Volltreffer

Erste Zeichnungen. detebe 84

Umso schlimmer

Frühe Zeichnungen. detebe 165

Siné

Katzenjammer

Katzen-Cartoons. detebe 94

Roland Topor

Tragödien

Mit einer Vorrede des Künstlers. detebe 23

Tomi Ungerer

Der Sexmaniak

Aus dem Geheimen Skizzenbuch. detebe 6

Fornicon

Vorwort von Prof. Dr. Walther Killy. detebe 17

Spiegelmensch

Ein neues deutsches Wintermärchen. detebe 49

Der erfolgreiche Geschäftsmann

Ein Stundenbuch für Manager. detebe 123

James Abbott McNeill Whistler

Die vornehme Kunst sich Feinde zu machen

Mr. Whistlers ›Zwölf-Uhr-Vortrag‹
über Kunst und die Einwände von Oscar Wilde und G. K. Chesterton.
Mit Zeichnungen von Whistler, Aubrey Beardsley, Leslie Ward
und Max Beerbohm. Herausgegeben und mit einem Vorwort
von Gerd Haffmans. detebe 34

Sempé
im Diogenes Verlag

Unsere schöne Welt
Ein großer Grafik-Sonderband

Nichts ist einfach
10. Werk im ›Club der Bibliomanen‹

St-Tropez
19. Werk im ›Club der Bibliomanen‹

Carlino Caramel
29. Werk im ›Club der Bibliomanen‹

Von den Höhen und Tiefen
33. Werk im ›Club der Bibliomanen‹

Monsieur Lambert
oder Wie einem das Leben so mitspielt
36. Werk im ›Club der Bibliomanen‹

Alles wird komplizierter
39. Werk im ›Club der Bibliomanen‹

Kleine Abweichung
56. Werk im ›Club der Bibliomanen‹

Sempé's Konsumgesellschaft
Diogenes Taschenbuch 39

Volltreffer
Diogenes Taschenbuch 84

Wie sag ich's meinen Kindern?
Bibliothek für Lebenskünstler

Wie verführe ich die Frauen?
Bibliothek für Lebenskünstler

Wie verführe ich die Männer?
Bibliothek für Lebenskünstler

Gute Fahrt!
Bibliothek für Lebenskünstler

Der Lebenskünstler
Bibliothek für Lebenskünstler

Sempé/Goscinny
Der kleine Nick
Diogenes Kinder Klassiker

Der kleine Nick und seine Bande
Diogenes Kinder Klassiker

Der kleine Nick und die Schule
Diogenes Kinder Klassiker

Der kleine Nick und die Ferien
Diogenes Kinder Klassiker

Der kleine Nick und die Mädchen
Diogenes Kinder Klassiker